lecturas modernas

NIVEL 1

# neruda@hamlet

Delia María De Césaris
Telma Guimarães Castro Andrade

Gabriela Mistral

Pablo Neruda

2ª edición

Con R.O.

Es el primer día de clases. Panchi, algo confundida y distraída, entra en el aula con sus compañeras. Todavía recuerda las pequeñas aventuras de verano llenas de rayos de sol y olas del mar. No sabe quiénes serán sus nuevos profesores, ni dónde sentarse.

Coloca, con un poco de prisa, sus libros y cuadernos en un pupitre. Un muchacho se acerca y le dice:

—Mis cosas ya están ahí.

Panchi, desconcertada y sin pronunciar palabra, retira su material y va a sentarse al otro extremo de la sala desde donde sus amigas la llaman.

—¿Quién es aquel grosero? —pregunta Panchi.
—Huuum... se llama Fernando... —le responde su amiga Rocío.

En ese momento el profesor de Geografía, con sus mapas y sus "cuatro ojos", interrumpe la conversación, pidiendo a los alumnos que tomen sus lugares. El señor Jacinto se presenta y, cual navegante contando sus experiencias en un destino mágico, comienza a describir el terreno accidentado de los Andes, con sus valles de bosques húmedos, laderas onduladas, vegetación baja. Después, organiza equipos de trabajo que deberán investigar la flora y fauna de la región.

Panchi, Rocío, Fernando y Benjamín integran un mismo grupo. Fernando pone su pupitre cerca de las chicas.

—¿Y Feña, qué tal? —exclama Benjamín, trasladando su asiento al lado de Rocío.

Los cuatro empiezan a leer las hojas distribuidas por el profesor.

Panchi, mientras intenta concentrarse, levanta ligeramente los ojos del texto y, observando a Fernando, piensa: "No es mi tipo... me parece maleducado...".

Al terminar las clases de ese día, Rocío y Panchi toman un autobús que las lleva hasta La Alameda o, mejor dicho, hasta la avenida Libertador Bernardo O'Higgins. Durante el trayecto, pueden ver, por la ventanilla, el río Mapocho, un curso de agua creado por el deshielo de las altas cumbres andinas. Bajan del autobús cerca del paseo Ahumada, el área peatonal de mayor movimiento de Santiago, donde quieren conocer una confitería que acaba de ser inaugurada.

Una vez por semana, Panchi y Rocío se toman la tarde libre. Pasean y almuerzan juntas, siempre en un lugar diferente. Suelen ir al Centro Comercial del Alto las Condes o al Parque Arauco, al pueblo de Vitacura o al Mercado Central, a un café de la calle Suecia, al cerro San Cristóbal o a los Dominicos.

Entran en la confitería y piden unos helados. Pronto, casi sin darse cuenta, retoman la charla.

—Me parece que Fernando es bastante antipático —comenta Panchi a su amiga.

—No, no te lo creas. A veces parece serlo pero, si lo conoces bien, verás que es muy agradable. Fue compañero de mi hermano el año pasado y nos hicimos bastante amigos.

—¿Entonces es un repitente? —indaga Panchi con un suave desprecio en la punta de la lengua.

—Es que tuvo que cambiarse al turno de la noche cuando su padre perdió el empleo, y no logró adaptarse. Toda la familia buscó trabajo. Este año su padre dejó de estar desocupado y Feña volvió a estudiar por la mañana. Aun así seguirá trabajando por las tardes —explica Rocío.

—Aaah… creo que lo juzgué apresuradamente… —dijo Panchi, con arrepentimiento en la voz—. A veces es fácil olvidarse que no todos tienen las mismas oportunidades. Nosotras debemos agradecer porque hasta ahora hemos podido disfrutar de muchas cosas.

—Sí, juzgar es siempre fácil, pero… en cualquier posición somos como la nieve de la montaña: un cambio de estación y allá vamos…

—¡Exactamente como esta cereza… —dice Panchi sonriendo y señalando la "copa helada" que el mozo coloca sobre la mesa— …que va directo para mi estómago!

Las chicas ríen y continúan conversando sobre otros temas.

Panchi le comenta a Rocío que, hace unos días, se contactó con un muchacho en una sala de chat por Internet.

—Su *nickname* es Neruda e igual que a mí le gusta la literatura. Si todo lo que dice es verdad, me encantaría conocerlo personalmente —suspira Panchi, con el rostro iluminado por el encantamiento que le produce su nueva relación.

Rocío ríe divertida ante la historia de su amiga. Para ella, las relaciones entabladas por Internet siempre son fuente de líos.

Cuando acaban sus helados, las amigas salen de la confitería, caminan hasta la parada de autobús y vuelven a sus casas.

Han pasado dos semanas de clases.

Faltan unos minutos para que la clase empiece y las chicas aprovechan para intercambiar confidencias. Panchi está muy entusiasmada porque todos los días descubre intereses en común con su amigo virtual.

Todos en la escuela están mucho más unidos. Sin embargo, Panchi no logra entenderse con Fernando.

—¡Dice que no puede tipear la monografía del grupo porque no tiene tiempo! —le reclama a Rocío.

—No hay problema, Panchi. Fernando aportó mucha información y va a poner en orden las fotos —le responde Rocío queriendo calmar a su amiga—. ¿No puedes copiarla tú? —le pregunta.

—¡No sé, me siento incómoda con él! No consigo explicar qué es... ¡Es raro! —dice Panchi, intentando disculparse—. Pero bueno... déjalo así... Yo tipeo la monografía.

En el recreo, Benjamín se acerca a Rocío. Durante la clase intentó varias veces dialogar con ella, pero el profesor le llamó la atención. Aunque hace bastante tiempo que le gusta Rocío, nunca ha sabido cómo hablarle. ¡Pero ahora tiene una idea!

—Rocío, no estoy seguro, pero creo que Feña está interesado en Panchi —comenta, intentando despertar el interés de su compañera.

—¿Te parece? Casi nunca cruzan palabra.

—Sí, lo sé, pero siempre la está mirando.

—Nunca lo noté... ¡Y, que yo sepa, ella tampoco! —Rocío acomoda sus cabellos, pensativa.

—Es que él es tímido, ¿entiendes? —Benja adora como Rocío juega con su cabello.

—Te voy a confiar una cosa... ¡Pero que quede entre nosotros! Panchi siempre hace comentarios sobre Feña. Cree que él es algo extraño, ella no sabe explicar por qué — dice Rocío.

—Talvez porque ella quiere disimular, fingir que no lo soporta —Benja se acerca un poco más a Rocío.

—Hum... ¿Qué sé yo, Benja? Ella está muy entusiasmada con un muchacho que conoció por Internet. Viven enviándose mensajes por chat.

—Los noviazgos virtuales nunca salen bien. Hasta pueden ser peligrosos —comenta Benja, que, juntando coraje, se decide y se arriesga— ¿No crees que es más divertido y excitante estar de novia con un chico lindo y real como yo?

Rocío sonríe entredientes, fingiendo desinterés, y dice:

—No sé, no sé…

Los dos se ríen a carcajadas. Toca el timbre de entrada y todos vuelven a la sala de clases.

Benja está contento porque sabe que desde ahora su relación con Rocío tomará otros rumbos. Espera que ella no se entere de que Fernando nunca comentó nada sobre Panchi. Aunque piensa que no estaría mal que Feña se enamorase de Panchi.

El aula ya está llena. Todos van a sus lugares. La directora de la escuela entra en la sala y le pide permiso a la profesora de Inglés para hablar con los alumnos.

—Buenos días —dice la directora, sonriente—. Quiero conversar con ustedes sobre un nuevo proyecto. Un grupo de estudiantes de la Universidad de Chile creó un programa de trabajo voluntario llamado "Tiempo para construir". Es un programa sin fines de lucro ni restricciones políticas o religiosas. Su objetivo es colaborar en la construcción de un país mejor para todos.

La directora enciende el retroproyector y, exhibiendo transparencias, aclara:

—Aquí les presento algunas de las ideas más importantes que este grupo publica en Internet.

# QUIÉNES SOMOS

Estamos viviendo un momento histórico en el cual los modelos económicos y de sociedad actuales, por más dinero o promesas que destinen a los necesitados, no logran satisfacer las expectativas y desequilibrios sociales. Por ello, sentimos que es de vital importancia que nos integremos a la sociedad global como personas, corazones y manos amigas dispuestas a compartir, vivir y entender la realidad, ayudando a generar respuestas y "esperanza". Deseamos que los destinatarios de nuestra ayuda no se sientan meros receptores de caridad, sino escuchados y comprendidos por quienes quieren compartir tiempo y esfuerzo para ayudar al prójimo. Trabajando juntos tal vez podemos hacer de nuestro Chile "una copia feliz del edén".

Nos dirigimos a aquellos alumnos que deseen ser voluntarios y que tengan:

- compromiso social;
- espíritu joven y alegre;
- ganas de trabajar y hacer bien las cosas;
- disposición para trabajar en equipo en favor de un objetivo común;
- deseo de ser una mejor persona cada día, además de un buen profesional.

Texto adaptado del sitio: www.tpc.uchile.cl

Después de la presentación, la directora invitó a los alumnos a poner en marcha un proyecto similar en la escuela.

—Cualquiera que pueda donar una hora por semana será bienvenido. Inicialmente pretendemos visitar guarderías y asilos. Invitaremos a voluntarios de "Tiempo para construir" para que nos aconsejen sobre la mejor manera de actuar. El próximo sábado, a las diez de la mañana, realizaremos una reunión para conversar con mayor profundidad. Quien esté interesado debe venir con un adulto responsable.

Mientras la directora desconecta el proyector y recoge sus materiales, los alumnos se alborotan. Algunos piensan que la propuesta no tiene sentido y otros parece que ni siquiera han escuchado. Pero también están los que, entusiasmados, ya coordinan cómo concurrir juntos el próximo sábado.

Rocío, que es voluntaria en un hospital, pregunta:

—Panchi... ¿quieres que nos presentemos como candidatas? Tenemos tiempo de sobra. Es una oportunidad para aprender cosas interesantes.

—Sí, pero... ¿y si tenemos que ir a lugares peligrosos? —Panchi dudó, un poco asustada.

—Muchas amenazas provienen de la falta de solidaridad, amiga. ¡Al menos podríamos intentarlo!

Benja entra en la conversación:

—Si ustedes van, Feña y yo también vamos.

—¿Yo? ¡No lo creo! Soy un poco inútil con niños... —dice Fernando.

—¡Qué va! La directora dijo que hay trabajo para todos —lo estimula Rocío—. ¡Hagámoslo! ¡Además, si no logras estar con niños, siempre es posible que te lleves bien con los viejecitos!

—¡Ah! Bueno, eso es diferente. Yo me divierto mucho con mi bisabuelo y sus amigos cuando lo visito cada semana. Tiene 87 años y vive en un asilo. Lo quiero mucho —dice Feña, que ya está "enganchándose" con la idea.

A Panchi le extraña que a alguien no le gusten los niños.

"Al menos se lleva bien con los viejecitos", piensa.

—¿Podemos contar contigo? —Benja le pregunta a Panchi.

—¡Quiero hacer la prueba! —ella responde.

Los cuatro deciden ir a la reunión del sábado.

La directora se despide de los estudiantes. Parece satisfecha con la buena voluntad de algunos de ellos.

Panchi espera ansiosa que el día termine. Al llegar a su casa, toma un baño de inmersión largo y relajante con sales aromáticas. Después se viste con unas ropas cómodas y enciende la computadora.

Al entrar en Internet, piensa: "Ojalá Neruda esté conectado. Es muy estimulante comunicarse con muchachos inteligentes. En general la gente suele decir muchas tonterías por Internet".

Después de algunos minutos, ella recibe un mensaje por chat de su nuevo y misterioso "amigo electrónico".

El *nickname* de Panchi es "Hamlet", por eso Neruda pensó, en un primer momento, que era varón. Panchi le explicó que, así como los actores masculinos hacían los roles femeninos en la "época isabelina", ella representa un personaje masculino en el moderno mundo de la red de computadoras. A Neruda le pareció muy ingeniosa y divertida esta idea.

**Neruda:** Hola, Hamlet. Estoy escribiendo para contarte que estoy leyendo *Romeo y Julieta*, de Shakespeare.

**Hamlet:** Hola, Neruda. ¿Cómo estás? Yo estoy leyendo los poemas de Pablo Neruda que me recomendaste.

**Neruda:** Quiero que sepas que estoy muy feliz de haberte conocido. Es raro encontrar románticas incurables. Me gustan mucho.

**Hamlet:** Y a mí me encantan los jóvenes poetas como tú. Creo que también te gustaría conocer a otra romántica que fue poeta desde joven, Gabriela Mistral.

**Neruda:** Nunca leí nada de ella, pero sé que recibió el Premio Nobel de Literatura, igual que Pablo Neruda.

**Hamlet:** Ella fue la primera escritora latinoamericana galardonada con ese premio. Además de eso, tiene otras cosas en común con Neruda. Los dos nacieron en Chile, ejercieron funciones diplomáticas y lucharon contra el fascismo, intentando aliviar el sufrimiento de las víctimas de la Guerra Civil española. Ambos se dedicaron a construir un mundo mejor, iluminándolo con poesía.

**Neruda:** Es verdad. Hace unos días entré en el sitio de la Universidad de Chile dedicado a Pablo Neruda. Allí recuerdan lo que él expresó sobre el éxito de su libro *Veinte poemas de amor y una canción desesperada*: "Por un milagro que no comprendo, este libro atormentado ha mostrado el camino de la felicidad a muchos seres. ¿Qué otro destino espera el poeta para su obra?". Además él aseguraba que "bien vale haber vivido si el amor me acompaña".

**Hamlet:** *Si en la vida lo que hace la diferencia es el amor, es lo que no debemos olvidar ni perder. ¿Sabes? Hamlet le dijo a su amada Ofelia: "Duda si las estrellas son de fuego / Duda si el sol se mueve / Duda si la verdad es mentirosa / Pero nunca dudes que yo amo".*

**Neruda:** Y no dudes que de verdad quiero encontrarme contigo. Me encantaría conocerte personalmente. ¿Qué te parece?

**Hamlet:** *Puede ser. Yo llevaré un libro de Gabriela Mistral, así tú la conoces mejor.*

**Neruda:** Y yo mi libro preferido de Neruda, Odas elementales. ¿Qué tal el sábado?

**Hamlet:** *Si es por la tarde, perfecto. Tengo un compromiso por la mañana. Pero podríamos almorzar juntos.*

**Neruda:** Excelente. También tengo un compromiso temprano. ¿Qué tal si nos encontramos en el Centro Comercial del Parque Arauco al mediodía?

**Hamlet:** *¡De acuerdo! Te espero en la entrada principal del Centro Comercial. Voy a estar con mi libro de Gabriela Mistral.*

**Neruda:** Y yo con el de Neruda.

**Hamlet:** *¡De acuerdo!*

**Neruda:** ¡Hasta entonces! ¡Nos vemos!

Panchi está tan ansiosa por su cita que tiene que contarle a alguien todos los detalles del "chateo". Poco después llega su madre, que escucha, sorprendida, cada detalle de lo que está ocurriendo en el corazón de su hija. Panchi le recita cada estrofa de las poesías que los dos "pololos" compartieron. "No hay duda, estos chicos son muy románticos", piensa la mamá de Panchi.

Antes de dormir, Panchi llama a Rocío por teléfono, anunciándole las novedades.

—¡Dios mío! ¡Esto ya está transformándose en un romance de novela! ¡No lo puedo creer!... —exclama Rocío, ahora mucho más optimista. Y pregunta a su amiga:

—¿Pero no es un poco peligroso tener un encuentro con un desconocido?

—También pensé en eso. A mi madre le pareció bien la idea de que nos encontremos de día y en un lugar público. Ella además me sugirió que te invite. ¿Qué te parece?

—¿Así que yo tendré que "tocar el violín"?

—¡Tranquila! ¡No me voy a casar el sábado, ni nada! Solo vamos a comer algo y divertirnos un rato... espero...

—Bueno... está bien... te acompaño. Me estoy muriendo de curiosidad por saber cómo es ese "maravilloso poeta".

Después de hablar por unos minutos más, las chicas se despidieron. Tenían que tener cuidado con la cuenta telefónica si no ocurriría lo prometido por sus padres: el fin de las llamadas telefónicas y de las conexiones a Internet.

El sábado por la mañana, Panchi, Rocío, Benja y Feña, como muchos otros, llegan con sus padres al encuentro sobre trabajo voluntario. Los alumnos de la Universidad de Chile consiguen que muchas personas se involucren con el proyecto. Los cuatro amigos deciden participar del programa.

Al terminar la reunión, Panchi y Rocío salen. Están ansiosas para que llegue la hora del encuentro en el Shopping. De repente, Panchi se da cuenta de que olvidó su abrigo en el aula. Vuelve corriendo para buscarlo pero, ya saliendo, se detiene bruscamente cuando ve un libro con las palabras "Odas elementales" en la tapa.

En ese momento, Fernando entra y toma el libro.

—Hola... Dejé mi libro... —dice un poco nervioso al encontrar a Panchi en la sala.

—¿Te gusta Neruda? —pregunta Panchi un poco desconfiada.

—Sí. Y este es mi libro preferido. Se lo voy a regalar a una amiga.

—¿A una amiga?

Panchi siente un frío en el estómago. Sus piernas empiezan a temblar y su corazón parece explotar de emoción. ¿Será posible que Feña y Neruda sean la misma persona?

Fernando nota que Panchi también tiene un libro en sus manos. Intrigado, observa que ella intenta ocultarlo debajo de su abrigo. El truco es inútil porque él consigue ver el título y la autora.

—¿Un libro de Gabriela Mistral? —dice Fernando, aproximándose—. ¿Por casualidad tu autor favorito es... Shakespeare?

Panchi suspira y cierra los ojos. Los abre lentamente y balbucea:

—¿Ne... Neruda?

—¡Hamlet! —exclama el muchacho riendo—. Espero que nuestro encuentro para almorzar todavía esté en pie...

Panchi no consigue responder pero, por el brillo de los ojos y la alegría que tiene en los labios, Fernando sabe que sí.

Mientras tanto, en el patio, Rocío invita a Benja a almorzar con Panchi y "Neruda". Benja acepta. Ellos todavía no saben que en realidad estarán con Panchi y Fernando... Pronto lo sabrán...

¡Este sí que parece un romance de novela!

# GLOSARIO

**abrigo:** pulôver, malha
**además:** além disso
**(se) alborotan:** alvoroçam-se — v. *alborotar(se)*
**amenazas** ameaças
**apodo:** apelido
*****aportó:** contribuiu — v. *aportar*
**área peatonal:** calçadão
**aula:** sala de aula
*****cambiarse:** mudar-se — v. *cambiar*
*****cambio:** mudança
**carcajadas:** gargalhadas
**chateo/chat:** bate-papo
*****clase:** aula
*****concurrir:** comparecer
**confitería:** confeitaria
*****copa helada:** taça de sorvete com frutas geladas
**cumbres:** cumes
**deshielo:** degelo
**duda:** dúvida — v. *dudar*
**empiezan:** começam — v. *empezar*
**entabladas:** entabuladas, estabelecidas
**fascismo:** sistema político de extrema direita que violou os direitos individuais das pessoas
**galardonada:** premiada
**guarderías:** creches
**¡Hagámoslo!:** façamo-lo — v. *hacer*
**hechos:** fatos
**(nos) hicimos:** (nos) tornamos — v. *hacerse*
**hojas:** folhas
**involucren:** envolvam-se — v. *involucrar*
**laderas:** encostas
**líos:** enredos, confusão, bagunça
**llenas:** cheias
*****logras:** consegues — v. *lograr*
**mientras:** enquanto
*****mozo:** garçom
**novela:** romance
*****novia:** namorada
**noviazgos:** namoros
**olas:** ondas
**peatonal:** para pedestres
**pololos:** expressão usada no Chile para nomear os namorados
*****pronto:** rápido, logo
**pupitre:** carteira escolar
**quede:** fique — v. *quedar*
*****raro:** estranho
*****rato:** momento
*****regalar:** presentear
**romance de novela:** romance de livro
**señalando:** apontando — v. *señalar*
**sepas:** saibas — v. *saber*
**suelen:** costumam — v. *soler*
*****tapa:** capa de livro
**temprano:** cedo
*****timbre:** campainha
**tipear:** digitar
**tocar el violín:** "segurar vela"
**ventanilla:** janela
**viejecitos:** velhinhos

---

*As palavras assinaladas com asterisco são falsos cognatos.

# ACTIVIDADES

1. William Shakespeare le hace decir a Hamlet: "Duda si las estrellas son de fuego / Duda si el sol se mueve / Duda si la verdad es mentirosa / Pero nunca dudes que yo amo".
   ¿Cuál es el verbo que se repite? Conjúgalo en el pretérito imperfecto del indicativo y escribe oraciones en singular y en plural.

   Yo ................................................
   Tú................................................
   Él/Usted ........................................
   Nosotros .......................................
   Vosotros .......................................
   Ellos/Ustedes ................................

2. ¿Qué piensas sobre la siguiente expresión de Pablo Neruda: "Bien vale haber vivido si el amor me acompaña"? Escribe tu interpretación y compártela con tus compañeros y tu profesor(a).

3. Completa el siguiente texto de Pablo Neruda con los verbos del recuadro:

   | juega   he   hará   He edificado   vivir   es   perdió   vivía |

   "En mi casa .......................... reunido juguetes pequeños y grandes, sin los cuales no podría .......................... El niño que no .......................... no .......................... un niño, pero el hombre que no juega .......................... para siempre al niño que .......................... en él y que le .......................... mucha falta. .......................... mi casa como un juguete y juego en ella de la mañana a la noche".

   NERUDA, Pablo. *Confieso que he vivido:* Memorias. Editorial Losada, 1975.

**4.** Comenta con tus compañeros tus reflexiones sobre esta expresión de Rocío:
"Sí, juzgar es siempre fácil, pero... en cualquier posición somos como la nieve de la montaña: un cambio de estación y allá vamos..."

**5.** Investiga:
   a) sobre la obra de Pablo Neruda. Elige una poesía suya y recítala de memoria.
   b) sobre la obra de Gabriela Mistral. Elige una poesía suya y recítala de memoria.
   c) sobre la cultura de Chile, su música, sus costumbres, su paisaje, sus ciudades, sus habitantes, etc.

**6.** Realiza una encuesta para saber si las personas que tú conoces participan o han participado de programas de voluntariado y de qué tipo. Y tú, ¿has participado o te gustaría participar?

© Delia María De Césaris y Telma Guimarães Castro Andrade, 2006

Dirección: *Paul Berry*
Gerencia editorial: *Sandra Possas*
Coordinación de iconografia: *Ana Lucia Soares*
Coordinación de bureau: *Américo Jesus*
Coordinación de revisión: *Estevam Vieira Lédo Jr.*
Coordinación gráfica: *André Monteiro, Maria de Lourdes Rodrigues*
Coordinación de producción industrial: *Wilson Aparecido Troque*

Proyecto editorial: *Daisy Pereira Daniel*

Edición: *Daisy Pereira Daniel*
Corrección: *Véra Regina Alves Maseli*
Revisión lingüística: *Carolina Valeria León Leite*
Revisión: *Ana Maria Cortazzo, Denise Ceron, Elaine Cristina Del Nero*
Diseño gráfico: *Ricardo Van Steen Comunicações e Propaganda Ltda. / Oliver Fuchs (Adaptado por Christiane Borin)*
Dirección de arte: *Claudiner Corrêa Filho*
Ilustración: *Rogério Borges*
Cubierta: *Rogério Borges*
Captura de fotos: *Luciano Baneza Gabarron*
Tratamiento de fotos: *Américo Jesus*
Maquetación: *Formato Comunicação Ltda.*
Preimpresión: *Helio P. de Souza Filho, Marcio H. Kamoto*
Impresión: Gráfica Printi
800857
12046346

**Retrato de Gabriela Mistral, pintado por Lucila Godoy Alcayaga** © **Garcia-Pelayo/CID**
**Retrato de Pablo Neruda, pintado por Sofía Gandarias**
© **Garcia-Pelayo/CID**

**Dados Internacionais de Catalogação na Publicação (CIP)**
**(Câmara Brasileira do Livro, SP, Brasil)**

De Césaris, Delia María.
  Neruda@hamlet : nivel 1 / Delia María De Césaris, Telma Guimarães Castro Andrade. — 2. ed. — São Paulo : Moderna, 2005. — (Lecturas modernas)

Inclui suplemento para o professor.

1. Literatura infanto-juvenil em espanhol
I. Andrade, Telma Guimarães Castro. II. Título.
III. Série.

05-2571                                    CDD-028.5

**Índices para catálogo sistemático:**
1. Literatura juvenil em espanhol   028.5

**ISBN 85-16-04634-6**

Reprodução proibida. Art. 184 do Código Penal e Lei 9.610 de 19 de fevereiro de 1998.

*Reservados todos los derechos.*

**SANTILLANA ESPAÑOL**
SANTILLANA EDUCAÇÃO LTDA.
Rua Padre Adelino, 758, 3º andar — Belenzinho
São Paulo — SP — Brasil — CEP 03303-904
www.santillanaespanol.com.br
2025

Impresso no Brasil

Quedan rigurosamente prohibidas, sin la autorización escrita de los titulares del «Copyright», bajo las sanciones establecidas en las leyes, la reproducción total o parcial de esta obra por cualquier medio o procedimiento, comprendidos la reprografía y el tratamiento informático, y la distribución de ejemplares de ella mediante alquiler o préstamo públicos.